Das didaktische Konzept zu **Sonne, Mond und Sterne**
wurde mit Prof. Dr. Manfred Wespel, Pädagogische Hochschule
Schwäbisch Gmünd, entwickelt.

Die Olchis räumen auf
ist auch als szenische Lesung (CD) erschienen

Beim Druck dieses Produkts wurde
durch den innovativen Einsatz der
Kraft-Wärme-Kopplung im Vergleich
zum herkömmlichen Energieeinsatz
bis zu 52% weniger CO_2 emittiert.
Dr. Schorb, ifeu.Institut

Mix
Produktgruppe aus vorbildlich
bewirtschafteten Wäldern und anderen
kontrollierten Herkünften
www.fsc.org Zert.-Nr. SGS-COC-001425
© 1996 Forest Stewardship Council

Überarbeitete Neuausgabe

© Verlag Friedrich Oetinger GmbH, Hamburg 1998, 2010
Alle Rechte vorbehalten
Titelbild und farbige Illustrationen von Erhard Dietl
Reproduktion: Domino Medienservice GmbH, Lübeck
Druck und Bindung: Mohn media · Mohndruck GmbH, Gütersloh
Printed in Germany 2010
ISBN 978-3-7891-0676-7

www.olchis.de
www.oetinger.de

Erhard Dietl

Die Olchis räumen auf

Verlag Friedrich Oetinger · Hamburg

Ein Olchi wäscht sich nie.
Daher stinkt er fein faulig.
Der Olchi liebt Fliegen,
aber sein Mundgeruch lässt
die Fliegen oft abstürzen.

Ein Olchi hat Hörhörner.
Er hört Ameisen husten,
Regenwürmer rülpsen
und Gänseblümchen
wachsen.

Die Olchi-Nase
riecht gern Verschimmeltes
und faulig Stinkiges.
Autoabgase atmet ein
Olchi besonders tief ein.

Die Olchi-Zähne
knacken alles. Glas, Blech,
Plastik, Holz und sogar
Stein und Metall.

Die Olchi-Zunge
schmeckt gern Scharfes,
Bitteres und Ätzendes.
Bonbons, Schokolade,
Spaghetti, Eis
kann ein Olchi
gar nicht
leiden.

Die Olchi-Muskeln sind sehr stark. Wenn die Olchis zusammen helfen, können sie sogar einen Elefanten in die Luft stemmen.

Die Olchi-Haare sind so hart, dass man sie nicht mit einer Schere schneiden kann, sondern eine Feile braucht.

Das ist ein Olchi

Die Olchi-Augen fallen gern zu, denn ein Olchi ist stinkefaul und schläft für sein Leben gern, egal, ob es Tag ist oder Nacht.

Ein Olchi wühlt gern in Müllbergen und freut sich, wenn er schön rostige und vergammelte Leckereien findet.

Der Olchi-Magen verträgt alles und ein Olchi bekommt nie Bauchweh.

1. Ein merkwürdiges Picknick

Die Olchis stecken ihre dicken Knubbelnasen
gern in faulig muffelnde Dinge.
Was für uns unerträglich stinkt, das ist für
einen Olchi der größte Genuss und sie
schwärmen: „Beim Kröterich! Riecht das aber
olchig!"
Riechen die Olchis aber gebratene Hähnchen,
den Duft von frisch gemähtem Gras oder frisch
gebackenem Brot, dann kann ihnen schnell
kotzübel werden. Das Schlimmste für einen
Olchi aber ist der Geruch von Parfüm. Mit
einem Spritzer Parfüm kannst du jeden Olchi
verjagen.
„Muffel-Furz-Teufel! Was stinkt das so
erbärmlich?", ruft Olchi Papa und springt
erschrocken von seinem alten Plastikeimer.
„Du hast recht, Olchi-Papa, es parfümelt hier
tatsächlich", sagt Olchi-Mama. Sie steht im
Höhleneingang mit dem Olchi-Baby auf dem
Arm und reibt sich die Knubbelnase.

Auch der Rest der Olchi-Familie kommt jetzt
aus der Höhle. Das sind Olchi-Oma, Olchi-Opa
und die beiden Olchi-Kinder. Sie recken die
Nasen in die Luft und schnüffeln.
„Ranziger Spülschwamm, ich möchte nur
wissen, woher das kommt!", knurrt Olchi-Oma.

Alle klettern neugierig auf den großen Stein neben ihrer Höhle. Gespannt äugen sie in die Richtung, aus der dieser unangenehme Parfümgeruch kommt.

Drüben am Waldrand ist die Familie vom Bürgermeister aus Schmuddelfing beim Picknick.

Der Herr Bürgermeister hat sein großes dunkles Auto gleich neben sich geparkt. Seine Frau, seine Tochter und er haben es sich mit ihrem Picknickkorb auf einer Decke bequem gemacht.

Der Bürgermeister hat sich eine dicke Zigarre angezündet. Doch was für die Olchis so unangenehm riecht, ist das Parfüm der Frau Bürgermeister.

„Ach, du schlapper Schlammfuß!", sagt Olchi-Opa.

„Grindiger Strohsack!", brummt Olchi-Papa. Aber die Olchi-Kinder sind begeistert. „Wie schön!", rufen sie. „Bei so einem Picknick gibt's immer leckeren neuen Abfall!"

„Alter Abfall ist mir aber lieber", grummelt
Olchi-Opa.
„Wir mögen aber so gern Zigarrenkippen und
Papierservietten! Bitte, bitte gehn wir hin!",
betteln die Olchi-Kinder.
„Ich geh da nicht hin", sagt Olchi-Papa. „Bei
dem Gestank!"

„Du könntest den Kindern auch mal eine
Freude machen", sagt Olchi-Mama. „Also, ich
geh mit euch!"
Und die Olchi-Mama schleicht sich mit
den beiden Olchi-Kindern ganz nah an die
Picknicker heran.
Noch ehe die Frau Bürgermeister papp
sagen kann, hat eines der Olchi-Kinder ihre
Papierserviette geschnappt und verspeist.
Das andere Olchi-Kind stopft sich schnell den
dicken Zigarrenstummel in den Mund.
Olchi-Mama hält sich die Nase zu.
„Macht schnell!", ruft sie. „Ich halte das nicht
mehr lange aus!" Sie meint den Parfümgeruch.
Die Frau Bürgermeister hustet und keucht,
denn sie hat sich an ihrem Kartoffelsalat
verschluckt.
„Ewald, sieh nur!", kreischt sie laut und starrt
auf das kleine grüne Wesen, das da mit
vollem Mund eine Bananenschale kaut.
„Was ist denn das, um Himmels willen!", ruft
der Bürgermeister und springt auf.

10

„Sie fressen unseren Müll!", erklärt die Tochter
vom Bürgermeister. Sie ist ziemlich schlau,
wie die meisten Bürgermeistertöchter, und hat
schon oft von den Olchis gehört und gelesen.
„Papa, das sind Olchis", sagt sie. „Die tun uns
nichts. Sie fressen doch nur Müll!"
Der Bürgermeister zieht die Augenbrauen hoch.
„Was sagst du da, sie fressen Müll?", sagt er.

„Das ist es! Das bringt mich auf eine tolle Idee!"
„Was denn für eine tolle Idee?", fragt die
Frau Bürgermeister erstaunt, denn der Herr
Bürgermeister hat sehr selten tolle Ideen.

„Erklär ich dir später!", ruft der Bürgermeister.
Blitzschnell wirft er seine Jacke über den
kleinen Olchi, packt ihn und steckt ihn in seine
dunkelbraune Aktentasche.
(Fleißige Bürgermeister haben meistens
Aktentaschen bei sich. Sogar bei einem
Picknick im Wald.)
„Ich muss sofort zurück ins Rathaus! Schnell!
Schnell!", ruft er und stellt die Aktentasche ins
Auto.
„Aber Ewald, was ist denn los mit dir?", fragt
die Frau Bürgermeister erstaunt.
Sie packen ihre Siebensachen in den
Kofferraum und brausen davon.
Den Olchis gefällt das gar nicht.

„Entführung!", schreit Olchi-Mama, so laut sie kann. „Mein Olchi-Kind ist entführt worden! Grätziger Kröterich."

Das andere, nicht entführte Olchi-Kind steht da und weiß nicht recht, was es davon halten soll. Ein Stück von einer blauen Papierserviette hängt ihm aus dem Mund. „Grätziger Kröterich", wiederholt es.

Dann rennen die beiden so schnell sie können zu ihrer Höhle, wo die anderen Olchis warten.

2. Das Olchi-Kind im Rathaus

Der Bürgermeister fährt schnurstracks
zurück nach Schmuddelfing und eilt ins
Rathaus.
„Eine tolle Idee, wirklich eine hervorragende
Idee", murmelt er immer wieder.
Alle wichtigen Männer der Stadt lässt er sofort
ins Rathaus kommen.
Vor Aufregung ist sein Gesicht rot wie eine
Tomate.
„Wichtige Versammlung!", verkündet er
laut.
Als alle wichtigen Männer versammelt sind,
strahlt der Bürgermeister übers ganze Gesicht.
Er knallt seine braune Aktentasche auf den
Tisch und erklärt stolz:
„Meine Herren, wie Sie wissen, bin ich bekannt
für meine guten Ideen. Hier habe ich die
Lösung für unser Problem!"
„Welches Problem meinen Sie?", fragt einer
der wichtigen Herren.

„Das Problem mit unserem Müll", sagt der
Bürgermeister. „Wie wir alle wissen, haben
wir in Schmuddelfing so viel Müll, dass wir
schon lange nicht mehr wissen, wohin mit dem
ganzen Kram. Unsere Müllgruben sind voll.
Neue Müllgruben dürfen wir nicht bauen. Der
Naturschutz, Sie wissen ja. Außerdem sieht
unsere Stadt aus wie ein Sauhaufen. Überall
liegen Papier, Dosen, Zigarettenkippen,
vertrocknete Kaugummis, Fahrscheine,

16

Tüten und was weiß ich sonst alles noch
herum!"
„Und was kann uns dabei helfen?", fragen die
wichtigen Männer im Chor.
„Das hier!", ruft der Bürgermeister.
Er fasst mit seiner rechten Hand in die
Aktentasche. Dann stößt er einen Schrei aus.
Er streckt die Hand in die Luft und an der Hand
hängt das Olchi-Kind. Es hat kräftig in den
Bürgermeisterdaumen gebissen.

Der Bürgermeister schüttelt seine Hand und
das Olchi-Kind plumpst auf den Tisch. „Das ist
ein Olchi, meine Herren!", erklärt er.

Die wichtigen Herren sind vor Schreck einen
Schritt zurückgewichen und halten sich die
Nase zu.
„Diese Olchis fressen Müll, meine Herren",
sagt der Bürgermeister. „Sie werden unsere
Stadt säubern!"

Die wichtigen Herren wissen nicht recht,
was sie davon halten sollen. Aber ein paar
von ihnen klatschen in die Hände. Das tun
sie immer, wenn der Bürgermeister etwas
Wichtiges sagt.
„Machen wir einen Versuch! Hat vielleicht einer
der Herren etwas Müll bei sich?", fragt der
Bürgermeister.
Die Herren schütteln den Kopf.
Da nimmt der Bürgermeister den Papierkorb,
der in der Ecke steht, und setzt den kleinen
Olchi hinein. Das Olchi-Kind beißt gleich ein
großes Stück davon ab.

„Er verspeist Papierkörbe!", ruft einer der
Herren erstaunt.
„Nicht nur Papierkörbe", sagt der
Bürgermeister. „So ein Olchi frisst buchstäblich
jeden Mist!"
Er fasst in seine Aktentasche und holt ein paar
jämmerliche Papierschnipsel heraus. „Da,
sehen Sie! Er hat all meine Notizen gefressen,
meinen Terminkalender und meinen goldenen
Füllfederhalter! Was sagt man dazu?!"

„Wirklich erstklassig", meint einer der wichtigen Herren. „Aber haben wir nicht viel zu viel Müll für so einen kleinen Olchi?"

Der Bürgermeister meint: „Wo ein Olchi ist, da sind auch noch andere. Wir werden ja sehen."

Er packt den kleinen Olchi und setzt ihn zurück in die Aktentasche.

„Meine Herren, bitte folgen Sie mir!", sagt er energisch.

Mit den zwei allerwichtigsten Männern steigt er wieder in sein Auto. Und sie fahren los, um nach den anderen Olchis zu suchen.

„Diese olchigen Grünlinge werden uns helfen, unser schönes Schmuddelfing sauber zu halten. Bestimmt werden sie das tun!", murmelt der Bürgermeister. Und noch immer ist sein Kopf vor Aufregung rot wie eine Tomate.

3. Die Olchis fahren in die Stadt

Inzwischen sitzt die Olchi-Familie in ihrer
Muffel-Höhle und Olchi-Mama ist ganz aus
dem Häuschen.
„Schleimiger Schlammbeutel", jammert sie,
„was sollen wir nur tun? Wo haben sie unser
Olchi-Kind nur hingebracht?"
Olchi-Opa hockt auf einer alten Raviolidose
und flucht leise vor sich hin: „Schleime-
Schlamm-und-Käsefuß! Käsiger Mäusefurz!"

„Wir müssen ausschwärmen und suchen!",
meint Olchi-Papa.

„Das Kind kommt bestimmt von selbst zurück",
sagt Olchi-Oma. „Unsere Olchi-Kinder sind
nicht auf den Kopf gefallen. Sie finden immer
wieder heim. Macht euch da mal keine
Sorgen."

In diesem Moment hören sie lautes Motoren-
gebrumm. Das Auto vom Bürgermeister ist
angekommen. Die Olchis stürzen hinaus und
rennen dem Auto entgegen. Sie sehen den
Bürgermeister mit zwei wichtigen Herren aus
dem Wagen steigen. Der Bürgermeister öffnet
seine Aktentasche und das Olchi-Kind hüpft
heraus. Olchi-Mama rennt ihm entgegen und
schließt es fest in die Arme.

Da sagt der Bürgermeister: „Liebe Olchis. Ich
möchte euch gern ein Angebot machen. Ihr
dürft unsere schöne Stadt säubern! Wir haben
da erstklassigen Stadtmüll! Nicht zu alt und
nicht zu frisch und alles kostenlos für euch!"

„Was heißt da kostenlos?", brummt Olchi-Opa.
„Wir mögen alles, was stinkig und vergammelt
ist!"

„Wunderbar!", ruft der Bürgermeister. „Ihr dürft
die Stadt von Müll säubern, und zur Belohnung
werdet ihr, liebe Olchis, dann Ehren-Olchis,
äh, Ehrenbürger von unserer schönen Stadt
Schmuddelfing!"

„Klingt gut", sagt Olchi-Papa.

„Fischiger Gräterich", sagt Olchi-Oma.

„Ich möchte schon gern mal wieder nach
Schmuddelfing", sagt Olchi-Mama. „Ich komm
ja sonst nie irgendwohin!"

Nur Olchi-Opa mault: „Lausiger
Schuppenwurz! Keine zehn Pferde bringen
mich hier weg! Ich leg mich lieber in die Pfütze
und trink ein Gläschen Grätengrütze!"

„Opa, sei kein Spielverderber!", sagt Olchi-Oma streng.

„Ich sage Nein und bleib daheim!", ruft Olchi-Opa.

„Na, dann gehen wir eben ohne dich. Ist doch kein Problem", sagt Olchi-Papa.

„Wunderbar! Ihr werdet es nicht bereuen!", ruft der Bürgermeister erfreut. „Bitte schön, nehmt Platz! Aber beißt mir bitte nicht in die Schonbezüge!" Und er hält die Wagentür auf. Die Olchis hüpfen ins Auto und drängeln sich auf den Rücksitz.

Der eine wichtige Herr muss leider neben
den Olchis sitzen.
Er lächelt etwas gequält, denn die Olchis
verströmen einen fürchterlichen Geruch.
„Hat jemand etwas dagegen, wenn ich die
Fenster öffne während der Fahrt?", fragt der
wichtige Herr.
Keiner hat etwas dagegen und der Bürgermeister lässt den Motor an.

Der Motor heult auf, doch das Auto bewegt
sich nicht.
„Nanu", sagt der Bürgermeister. Er gibt
Vollgas, der Wagen dröhnt und ruckelt,
kommt aber nicht von der Stelle.
„Verflixt. Wir sitzen fest!", ruft der Bürger-
meister und steigt aus, um nachzusehen.
Da sieht er Olchi-Opa vor dem Auto stehen.

Olchi-Opa stemmt sich mit aller Kraft gegen die Stoßstange und ruft: „Krötenfurz und Mäusemist, mal sehen, wer hier stärker ist!"

„Meine Güte, sind Sie aber kräftig, Herr Olchi!", staunt der Bürgermeister.

„Opa, lass das Auto los, du alter Kindskopf!", schreit Olchi-Oma aus dem Wagen. „Du kriegst auch eine Flasche Fahrradöl! Ganz für dich allein! In der Stadt gibt es Fahrradöl wie Sand am Meer!"

Bei Fahrradöl wird Olchi-Opa immer schwach, denn das ist sein Lieblingsgetränk. Schon ist er überredet. Er steigt auch ins Auto und die Fahrt kann endlich beginnen.

Unterwegs müssen sie viermal anhalten, weil es dem einen Herrn vom olchigen Geruch hundeelend geworden ist.

Die Olchis aber finden die Fahrt sehr lustig und sie grölen aus Leibeskräften ihr Olchi-Lied:

„Fliegen-Schiss und Olchi-Furz,
das Leben ist doch viel zu kurz!
Wir lieben Schlick und Schlamm und
Schleim,
das Leben kann nicht schöner sein!"

Wenn wir Stinkerbrühe trinken
und in Matschlöchern versinken,
fühlen wir uns muffelwohl.
Das Leben ist doch wundervoll!

Muffel-Furz und Müllberg-Schlecker,
Abfall schmeckt doch wirklich lecker!
Schleime-Schlamm-und-Käsefuß –
das Leben ist ein Hochgenuss!

4. Die Olchis gehen an die Arbeit

Nachdem sie eine Weile gefahren sind, hören
sie plötzlich ein lautes Getöse in der Luft.
„Das hört sich ja an wie ein Riesen-
staubsauger", wundert sich der Bürgermeister.
Er beugt sich aus dem Autofenster und sieht
über sich ein riesengroßes grünes Monstrum
fliegen. Vor Schreck tritt er auf die Bremse,
dass es nur so quietscht.

„Das ist unser Drache Feuerstuhl!", rufen
die Olchis. „Feuerstühlchen ist auch
mitgekommen! Das ist aber lieb von ihm!"
„Ihr kennt dieses ... dieses Monster?", fragt der
Bürgermeister. Vor Angst ist er leicht grünlich
geworden, fast so grün wie die Olchis. Er sieht
jetzt nicht mehr aus wie eine Tomate, eher wie
eine Stachelbeere.

„Feuerstuhl kommt immer mit. Er lässt uns nie
allein", sagt Olchi-Mama.
„Schön, schön, das ist ja beruhigend", murmelt
der Bürgermeister und wischt sich ein paar
Schweißtropfen von der Stirn.

Als sie in der Stadt angekommen sind, hüpfen
die Olchis gut gelaunt aus dem Auto. Der
Drache Feuerstuhl ist auch schon da. Er sitzt
hoch oben auf einem Hausdach und gelber
Dampf quillt aus seiner Nase.

Der Bürgermeister sagt: „Jetzt dürft ihr
anfangen! Was Müll ist, muss ich euch ja nicht
erklären. Lasst es euch schmecken und lasst
euch ruhig Zeit!"

Die Olchis haben keine Lust, sich Zeit zu lassen. Sie flitzen durch die Straßen von Schmuddelfing und fangen an zu futtern. Sie schmatzen und rülpsen, dass es eine Freude ist.

Sie durchwühlen gleich mal die Vorgärten der Häuser, sie klettern über Mauern und Zäune, sie schlüpfen sogar durch Kellerfenster und latschen durch die Blumenbeete.
Nichts kann sie aufhalten. Es dauert nicht lang, dann ist ganz Schmuddelfing so sauber wie

nie zuvor. Kein Fitzelchen Papier liegt mehr
herum. Keine Pizzaschachtel, keine Plastik-
tüte, keine Cola-Dose, keine Flasche, kein
Zigarrenstummel, kein Krümelchen, kein
Garnichts.
Die Olchis haben wirklich einen gesunden
Appetit. Sie sind kaum zu bremsen.
„Papa, Papa, probier mal den
leckeren Fahrradreifen! Die
neuen Reifen schmecken
fast so gut wie die alten!"
„Daf ift ja intereffant!", sagt
Olchi-Papa mit vollem Mund.

Er mampft gerade einen gelben Sonnen-
schirmständer.

„Bei meinen krätzigen Stinkesocken, der hier
schmeckt auch nicht übel!", sagt Olchi-Opa. Er
meint den frisch gestrichenen Gartenzaun.
Die Olchis finden auch neue Sachen sehr
lecker.

„Alles schmeckt gut!", ruft Olchi-Mama
begeistert. „Alles ist Müll, früher oder später."
Die Olchi-Kinder zerren die Schnüre von einem
Wäscheständer, als wären es Spaghetti.
Feuerstuhl steht in einem Vorgarten und

durchpflügt das Tulpenbeet mit seiner dicken
Drachen-Schnauze.

Olchi-Oma fischt aus einem Zeitungskasten
die Tageszeitung und stopft sie sich in den
Mund.

Olchi-Opa beißt in einen Fußball, dass die
Luft herauszischt. Dann findet er noch ein
nagelneues Skateboard. Doch das knabbert er
nur ein wenig an.

„Skateboard schmeckt mir nur mit Fahrradöl",
meint er. „Wo ist mein Fahrradöl? Ihr habt es
mir versprochen!"
„Probier das da mal!", ruft ihm Olchi-Oma zu.

Sie ist durch ein Küchenfenster geschlüpft
und hält eine Dose Salatöl in die Höhe. Das
Salatöl schmeckt Olchi-Opa leider gar nicht.
Aber die Dose zerkaut er mit Genuss.
Der Bürgermeister fährt inzwischen im Auto
durch die Straßen. „Mal sehen, wie meine
Müll-Aktion läuft", murmelt er.
Er sieht die leeren Abfalleimer. Sehr schön,
sehr schön, denkt er.
Er wirft einen Blick auf den blitzsauberen
Straßenrand. „Famos, famos!", ruft er.
Er sieht die aufgeräumten Grünanlagen.
„Ausgezeichnet, ausgezeichnet!", sagt er.
Dann sieht er Frau Oldenburg.
Sie steht auf ihrer Terrasse und schimpft.
In der Hand hält sie ihren zerfetzten
Liegestuhl. Ach, du lieber Himmel!, denkt der
Bürgermeister.
Und dann sieht er einen Kinderwagen: Der ist
völlig zerstört.
Er sieht eine Plakatsäule: Die ist total
zerfleddert.

Und erst der nagelneue Gartenzaun. Der ist
überall angenagt!
Der Bürgermeister ist zu Tode erschrocken.
„Hört auf, Olchis! Es ist genug!", ruft er, so laut
er kann. „Nur den Müll! Nur den Müll, hab ich
gesagt!"
Doch wenn ein Olchi so richtig Appetit hat,
dann kann ihn keiner so leicht stoppen.
Schon laufen die ersten Bürger von
Schmuddelfing ins Rathaus, um sich beim
Bürgermeister zu beschweren.

Frau Obermeier ist sehr aufgeregt: „Sie waren in meinem Wohnzimmer! Sie haben das ganze Aquarium leer gesoffen!"

Auch Herr Grobian ist völlig verzweifelt: „Mir haben sie die ganze Post aus dem Briefkasten gefressen! Da waren wichtige Briefe dabei!"
„Sie waren in unserem Kleiderschrank!",
klagt Frau Bräunlich. „Alles stinkt entsetzlich!
Sogar die Schmutzwäsche haben sie
angefressen! Auch die Stinkesocken von
meinem Karlheinz!"

Herr Stümpflmoser kriegt kaum Luft, so
regt er sich auf. „Zuerst haben sie meinen
Aschenbecher gefressen, dann das Tischtuch
angebissen und auch das Tischbein
sieht fürchterlich aus. Den Tisch kann ich
wegwerfen. Wer zahlt mir das jetzt?"
Herr Burdinger schreit: „Sie haben mir den
ganzen Benzintank leer gesoffen! Ich will
Schadenersatz! Vierzig Liter Super bleifrei!"
Der Bürgermeister hat wirklich alle Hände voll
zu tun, um die Leute zu beruhigen. „Ich komme
für den Schaden auf!", ruft er. „Nur keine
Panik. Alles halb so schlimm!"
Doch dann wird alles noch schlimmer.
Herr Knauserer von der Sparkasse kommt

angerannt. Er ist völlig außer Atem und keucht:
„Sie sind jetzt in der Bank. Sie fressen Geld.
Zweiunddreißigtausend Euro. Alles weg ...“
Herr Knauserer muss sich setzen. Ihm ist
richtig schwindlig geworden.
„Keine Panik, meine Herrschaften“, versucht
der Bürgermeister die Leute zu beruhigen. „Ich
werde die Sache sofort regeln. Ich habe alles
im Griff. Ich habe da schon eine Idee ...“

5. Dem Bürgermeister vergeht der Appetit

Inzwischen sitzen die Olchis, müde vom vielen Essen, auf dem Rathausplatz. Sie haben sich an Feuerstuhl gelehnt, der sich genüsslich die Lippen schleckt. Ein paar Geranien haben sich zwischen seinen Zähnen verfangen und er pult mit der Zunge daran herum.
„Ein Schläfchen in Ehren kann keiner verwehren!", dichtet Olchi-Opa. „Danach essen wir weiter."
Die Olchis kuscheln sich eng zusammen, blinzeln in die Sonne und reiben sich die dicken Bäuche.
„Seht mal, wer da kommt!", sagt Olchi-Mama.
„Das ist ja der liebe Herr Bürgermeister!"
Der Bürgermeister ist vor Aufregung gelb im Gesicht. Er sieht ungefähr aus wie ein Zitronenbonbon. Doch er versucht ruhig zu bleiben und sagt:
„Liebe Olchis. Ihr habt eure Sache gut gemacht. Wir danken euch. Ich denke, wir

sollten jetzt gemeinsam die Stadt verlassen
und ..."
Olchi-Mama unterbricht ihn. „Ooch, jetzt
schon? Wir bleiben lieber noch eine Weile hier
und helfen aufräumen!"

„Ja, und mein Fahrradöl hab ich auch noch
nicht gekriegt!", sagt Olchi-Opa.
Der Bürgermeister räuspert sich.
„Das ist nett, dass ihr noch bleiben wollt,
aber ich will euch einen Vorschlag machen.

Ihr geht jetzt wieder nach Hause und dann
lasse ich euch eine größere Menge extrafeinen
Sondermüll zukommen. Wir liefern den Müll ab
jetzt regelmäßig direkt vor eure Wohnung, äh,
Höhle. Sozusagen als Belohnung. Versteht ihr
mich?"

„Was hat er gesagt?", fragt Olchi-Opa.

„Er will uns Müll schenken", sagt Olchi-Papa.

„Sondermüll, Extraklasse. Und er will ihn uns
jetzt immer nach Hause bringen."

„Beim Kröterich!", ruft Olchi-Opa. „Wenn
Fahrradöl dabei ist, ist das in Ordnung!"

„Klar bekommt ihr von mir noch fünf Liter

Fahrradöl dazu!", verspricht der Bürgermeister.
„Jeden Tag fünf Liter?" Olchi-Opa freut sich.
„Na klar, versprochen!", sagt der
Bürgermeister. „Am besten, ihr brecht gleich
auf! Der Lastwagen mit der ersten Ladung ist
schon unterwegs zu euch!"
„Schleime-Schlamm-und-Käsefuß! Das Leben
ist ein Hochgenuss!", rufen die Olchis.
Sie klettern alle auf Feuerstuhls Rücken und
den Bürgermeister nehmen sie in die Mitte. Der
klammert sich an Olchi-Opas Hörhörner, kneift
die Augen zu und traut sich kaum zu atmen.

49

„Vielleicht sollten wir doch lieber den Wagen
nehmen ...", seufzt er.
Olchi-Papa ruft: „Spotz-Rotz!" Das ist das
Signal für Feuerstuhl und schon donnert er los.
Er zischt über die Köpfe der staunenden Leute,
steigt hoch in die Luft und nimmt Kurs auf die
Olchi-Höhle.
Dort landet er sanft wie ein Schmetterling und
stößt ein paar gelbe Stinkerwolken aus.
„Seht ihr, hier liegt er schon, euer extrafeiner
Müll!", sagt der Bürgermeister. Ein riesiger
Abfallberg ist am Waldrand abgeladen worden.

„Ich hoffe, es schmeckt euch!" Der Bürgermeister freut sich selber wie ein Schneekönig, dass er die Olchis wieder losgeworden ist. Und dass die Olchis nicht noch mehr Schaden in der Stadt anrichten können.

„Du bleibst doch bestimmt zum Essen, lieber Herr Bürgermeister?", sagt Olchi-Mama.

Dem Bürgermeister wird ganz mulmig.

„Äh ... gern, äh ... ich weiß nicht recht, was gibt es denn?", stottert er verlegen.

„Eintopf!", sagt Olchi-Mama. „Es gibt verkohlte Schuhsohlen mit Knochen vom Huhn, Gräten vom Fisch, Rinde vom Baum, dazu Mörtelbrühe mit einer Prise Waschpulver, falls wir welches auftreiben können. Ich werde alles extra schön anrichten auf einem alten Putzlappen!"

Da dreht sich der Bürgermeister blitzschnell um und rennt los. Er rennt, als ginge es um sein Leben.

„Vergiss nicht das Fahrradöl!", ruft ihm Olchi-Opa nach.

„Ein netter Mann", sagt Olchi-Mama, „aber
wieso hat er es so eilig? Er benimmt sich
manchmal etwas merkwürdig!"

„Ich leg mich jetzt etwas aufs Hörhorn",
brummt Olchi-Papa und gähnt. „Danach
probier ich den Sondermüll."
„Was für ein schöner Müllberg!", sagt Olchi-
Mama. „Beim Läusefurz, den haben wir uns
aber auch redlich verdient!"
Und dann verkriechen sich die Olchis in
ihre Muffelhöhle. Sie schnarchen wie die
Holzfäller und fangen an zu träumen: von
Schmuddelfing, dem Müll-Schlaraffenland
und von einer riesengroßen Pfütze voll mit
herrlichem Fahrradöl.

Inhalt

www.LunaLeseprofi.de

> Hallo!
> Ich bin Luna Leseprofi. Mit meinem Ufo fliege ich durch das All. Wenn ich lande, ist großer Lesespaß angesagt. Ich bin immer auf der Suche nach neuen Lese-Freunden.
>
> Finde die Antworten auf die 6 Fragen und fliege mit in meine Internet-Welt mit vielen spannenden Spielen und Rätseln.

Leserätsel

1. Was für einen Geruch mögen Olchis gar nicht?

A: den Geruch von Parfüm

T: den Geruch von alten Socken

E: den Geruch von Müll

2. Was trinkt Olchi-Opa am liebsten?

T: Limonade

B: Fahrradöl

K: Salatöl

3. Was schlägt der Bürgermeister den Olchis vor?

C: dass sie mit picknicken

F: dass sie den Müll in der Stadt aufessen

T: dass sie Urlaub in seiner Stadt machen

4. Wie heißt der Drache der Olchis?

B: Er hat gar keinen Namen.

H: Er heißt Grünschuppe.

A: Er heißt Feuerstuhl.

5. Was ist schiefgelaufen in der Stadt?

L: Die Olchis haben auch neue Sachen gegessen.

N: Die Olchis hatten schreckliches Heimweh.

F: Die Olchis haben Bauchschmerzen bekommen.

6. Was verspricht der Bürgermeister den Olchis?

T: dass sie jederzeit wiederkommen dürfen
U: dass sie ganz viel Schokolade bekommen
L: dass ihnen Sondermüll geliefert wird

Lösung: __ __ __ __ __ __

Hast du das Rätsel gelöst?
Dann gib das Lösungswort unter
www.LunaLeseprofi.de ein.
Hole deine Familie, deine Freunde
und Lehrer dazu. Du kannst dann
noch mehr Spiele machen.
Viel Spaß! Deine Luna

Olchi-Spaß aus Schmuddelfing

Erhard Dietl
Die Olchis fliegen in die Schule
ISBN 978-3-7891-0673-6

Erhard Dietl
Die Olchis im Zoo
ISBN 978-3-7891-0677-4

Erhard Dietl
Die Olchis und der blaue Nachbar
ISBN 978-3-7891-0674-3

Erhard Dietl
Die Olchis und der faule König
ISBN 978-3-7891-0679-8

Oetinger

Mit Lernspielen im Internet. Lesepatenmodell für Lehrer und Eltern.
www.LunaLeseprofi.de *und* **www.oetinger.de**